C000098817

Impressum
Verlag: BABADADA GmbH, Nedderfeld 112 , 22529 Hamburg
Geschäftsführer / Verlagsleitung: Harald Hof
Druck: Books on Demand GmbH, In de Tarpen 42, 22848 Norderstedt

Imprint
Publisher: BABADADA GmbH, Nedderfeld 112 , 22529 Hamburg, Germany
Managing Director / Publishing direction: Harald Hof
Print: Books on Demand GmbH, In de Tarpen 42, 22848 Norderstedt, Germany

salle de classe
כיתה

diviser
חילק

186/2

tableau noir
לוח

enseignant
מורה

cour de récréation
חצר בית ספר

papier
נייר

écrire
כתב

stylo
עט

bureau
שולחן עבודה

règle
סרגל

livre
ספר

élève
תלמיד

sac d'école

ילקוט

trousse

קלמר

crayon

עיפרון

taille-crayon

מחדד

gomme

גומי מחיקה

dictionnaire visuel

מילון חזותי

carnet à dessin

חוברת סרטוט

dessin

סרטוט

pinceau

מברשת

boîte de peinture

קופסת צבעים

ciseaux

מספריים

colle

דבק

cahier d'exercices

ספר תרגול

tâches

שיעור בית

chiffre

מספר

additionner

חיבר

soustraire

חיסר

multiplier

הכפיל

calculer

חישב

lettre

אות

alphabet

אלפבית

mot

מילה

texte

טקסט

lire

קרא

craie

גיר

leçon

שיעור

livre de classe

יומן נוכחות

examen

מבחן

certificat

תעודה

uniforme scolaire

תלבושת בית ספר

formation

חינוך

lexique

אנציקלופדיה

université

אוניברסיטה

microscope

מיקרוסקופ

carte

מפה

corbeille à papier

סל נייר

hôtel
מלון

auberge
הוסטל

ROOMS

bureau de change
המרת מטבע

ÉCHANGE

valise
מזוודה

voiture
אוטו

langue

שפה

oui / non

כן / לא

d'accord

בסדר

Salut

שלום

interprète

מתרגם

merci

תודה

Combien coûte...?

?.....כמה עולה

Je ne comprends pas

אני לא מבין

problème

בעיה

Bonsoir!

ערב טוב!

Bonjour!

בוקר טוב!

Bonne nuit!

לילה טוב!

Au revoir

להתראות

direction

כיוון

bagages

כבודה

sac

תיק

sac-à-dos

תרמיל גב

hôte

אורח

pièce

חדר

sac de couchage

שק שינה

tente

אוהל

office de tourisme

מרכז מידע לתיירים

plage

חוף ים

carte de crédit

כרטיס אשראי

petit-déjeuner

ארוחת בוקר

déjeuner

ארוחת צהריים

dîner

ארוחת ערב

billet

כרטיס

ascenseur

מעלית

timbre

בול

frontière

גבול

douane

מכס

ambassade

שגרירות

visa

אשרה

passeport

דרכון

avion
מטוס

navire
אוניה

véhicule de pompiers
כבאית

camion
משאית

bus
אוטובוס

bateau à moteur
סירת מנוע

voiture
אוטו

bicyclette
אופניים

ferry

מעבורת

barque

סירה

moto

אופנוע

voiture de police

ניידת משטרה

voiture de course

מכונית מרוץ

voiture de location

רכב שכור

autopartage

מכוניות בשיתוף

dépanneuse

אוטו גרר

benne à ordures

משאית זבל

moteur

מנוע

essence

דלק

station d'essence

תחנת דלק

panneau indicateur

תמרור

trafic

תנועה

embouteillage

פקק תנועה

parking

חניה

gare

תחנת רכבת

rails

פסי רכבת

train

רכבת

tram

רכבת קלה

wagon

קרון

hélicoptère

מסוק

aéroport

שדה-תעופה

tour

מגדל

passager

נוסע

container

קונטיינר

carton

קרטון

chariot

עגלה

corbeille

סל

décoller / atterrir

המראה / נחיתה

ville

עיר

village

כפר

centre-ville

מרכז העיר

maison

בית

cinéma
קולנוע

publicité
פרסומת

réverbère
מנורת רחוב

rue
רחוב

taxi
מונית

kiosque
קיוסק

piéton
הולך רגל

trottoir
רציף

feux de circula
רמזור

carrefour
צומת

passage piéton
מעבר חצייה

poubelle
פח אשפה

cabane

בקתה

appartement

דירה

gare

תחנת רכבת

mairie

עירייה

musée

מוזיאון

école

בית ספר

université

אוניברסיטה

banque

בנק

hôpital

בית חולים

hôtel

מלון

pharmacie

בית מרקחת

bureau

משרד

librairie

חנות ספרים

magasin

חנות

fleuriste

חנות פרחים

supermarché

סופרמרקט

marché

שוק

grand magasin

כל-בו

poissonnerie

מוכר דגים

centre commercial

קניון

port

נמל

parc

פארק

banque

ספסל

pont

גשר

escaliers

מדרגות

métro

רכבת תחתית

tunnel

מנהרה

arrêt de bus

תחנת אוטובוס

bar

בר

restaurant

מסעדה

boîte à lettres

תא דואר

panneau indicateur

שלט רחוב

parcomètre

מדחן

zoo

גן חיות

réverbère

בריכת שחיה

mosquée

מסגד

ferme

חווה

pollution

זיהום

cimetière

בית עלמין

église

כנסייה

aire de jeux

מגרש משחקים

temple

בית מקדש

paysage

נוף

feuille
עלה

panneau indicateur
תמרור

chemin
דרך

pré
מרעה

pierre
אבן

randonneur
מטייל

arbre
עץ

rivière
נהר

herbe
דשא

fleur
פרח

vallée

בקעה

montagne

הר

lac

אגם

forêt

יער

désert

מדבר

volcan

הר געש

château

טירה

arc-en-ciel

קשת בענן

champignon

פטריה

palmier

דקל

moustique

יתוש

mouche

זבוב

fourmis

נמלה

abeille

דבורה

araignée

עכביש

scarabée

חיפושית

grenouille

צפרדע

écureuil

סנאי

hérisson

קיפוד

lapin

ארנב

chouette

ינשוף

oiseau

ציפור

cygne

ברבור

sanglier

חזיר בר

cerf

צבי

élan

אייל הקורא

barrage

סכר

éolienne

טורבינת רוח

panneau solaire

פנל סולארי

climat

אקלים

serveur
מלצר

menu
תפריט

chaise
כסא

soupe
מרק

pizza
פיצה

services
סכו"ם

nappe
מפת שולחן

hors d'œuvre

מנת פתיחה

plat principal

מנה עיקרית

dessert

קינוח

boissons

שתיות

alimentation

אוכל

bouteille

בקבוק

fast-food

מזון מהיר

plats à emporter

אוכל רחוב

théière

קנקן תה

sucrier

מסכרת

portion

מנה

machine à expresso

מכונת אספרסו

chaise haute

כסא תינוק

facture

חשבון

plateau

מגש

couteau

סכין

fourchette

מזלג

cuillère

כף

cuillère à thé

כפית

serviette

מפית

verre

כוס

assiette

צלחת

assiette à soupe

קערת מרק

soucoupe

תחתית

sauce

רוטב

salière

מלחייה

moulin à poivre

מטחנת פלפל

vinaigre

חומץ

huile

שמן

épices

תבלינים

ketchup

קטשופ

moutarde

חרדל

mayonnaise

מיונז

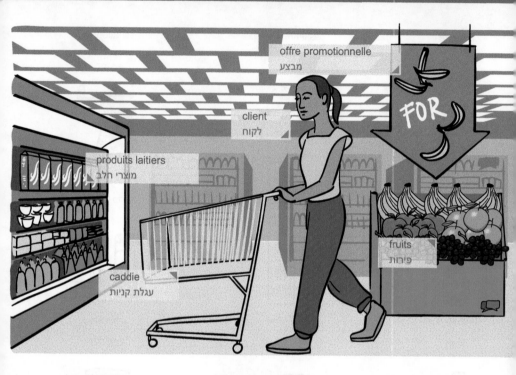

offre promotionnelle
מבצע

client
לקוח

produits laitiers
מוצרי חלב

fruits
פירות

caddie
עגלת קניות

FOR

boucherie
אטליז

boulangerie
מאפייה

peser
שקל

légumes
ירקות

viande
בשר

aliments surgelés
מזון קפוא

charcuterie

בשר קר

conserves

שימורים

poudre à lessive

אבקת כביסה

bonbons

ממתקים

articménagers

מוצרי בית

détergents

חומר ניקוי

vendeuse

מוכרת

caisse

קופה

caissier

קופאי

liste d'achats

רשימת קניות

heures d'ouverture

שעות פתיחה

portefeuille

ארנק

carte de crédit

כרטיס אשראי

sac

תיק

sac en plastique

שקית נילון

eau

מים

jus de fruit

מיץ

lait

חלב

coca

קולה

vin

יין

bière

בירה

alcool

אלכוהול

chocolat chaud

קקאו

thé

תה

café

קפה

expresso

אספרסו

cappuccino

קפוצ'ינו

banane

בננה

pomme

תפוח

orange

תפוז

melon

אבטיח

citron

לימון

carotte

גזר

ail

שום

bambou

במבוק

oignon

בצל

champignon

פטריות

noisettes

אגוזים

pâtes

אטריות

spaghettis

ספגטי

riz

אורז

salade

סלט

frites

צ'יפס

pommes de terre rôties

צ'יפס

pizza

פיצה

hamburger

המבורגר

sandwich

כריך

escalope

שניצל

jambon

שינקן

salami

סלאמי

saucisse

נקניקיה

poulet

עוף

rôti

טיגון

poisson

דג

flocons d'avoine
שיבולת שועל

muesli
מוזלי

cornflakes
קורנפלקס

farine
קמח

croissant
קרואסון

petits-pains
לחמנייה

pain
לחם

pain grillé
טוסט

biscuits
עוגיות

beurre
חמאה

fromage blanc
גבינה לבנה

gâteau
עוגה

œuf
ביצה

œuf au plat
ביצת עין

fromage
גבינה

glace

גלידה

sucre

סוכר

miel

דבש

confiture

ריבה

crème nougat

ממרח נוגט

curry

קארי

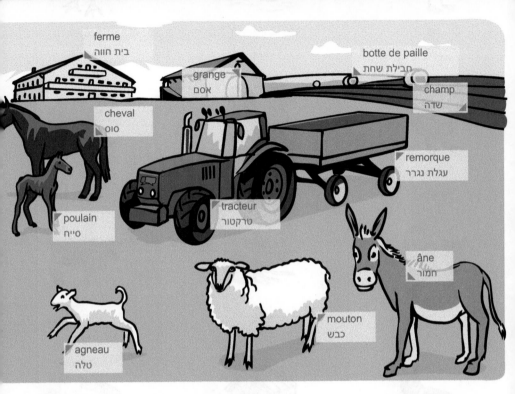

ferme
בית חווה

grange
אסם

botte de paille
חבילת שחת

champ
שדה

cheval
סוס

remorque
עגלת נגרר

tracteur
טרקטור

poulain
סייח

âne
חמור

agneau
טלה

mouton
כבש

chèvre
עז

vache
פרה

veau
עגל

porc
חזיר

porcelet
חזרזיר

taureau
שור

oie

אווז

canard

ברווז

poussin

אפרוח

poule

תרנגולת

coq

תרנגול

rat

חולדה

chat

חתול

souris

עכבר

bœuf

שור

chien

כלב

chenil

מלונה

tuyau de jardin

צינור השקיה

arrosoir

קנקן מים

faucheuse

חרמש

charrue

מחרשה

faucille

מגל

pioche

מגרפה

fourche

קלשון

hache

גרזן

brouette

מריצה

cuve

שוקת

pot à lait

כד חלב

sac

שק

clôture

גדר

étable

אורווה

serre

חממה

sol

אדמה

semences

זרע

engrais

דשן

moissonneuse-batteuse

מקצרה

récolter

קצר

récolte

קציר

igname

בטטה אפריקנית

blé

חיטה

soja

סויה

pomme de terre

תפוח אדמה

maïs

תירס

colza

קנולה

arbre fruitier

עץ פירות

manioc

קסבה

céréales

דגנים

cheminée
ארובה

toit
גג

gouttière
מרזב

fenêtre
חלון

garage
מוסך

sonnette
פעמון

porte
דלת

poubelle
פח אשפה

boîte aux lettres
תיבת מכתבים

jardin
גינה

salon

סלון

chambre de bain

חדר אמבטיה

cuisine

מטבח

chambre à coucher

חדר שינה

chambre d'enfant

חדר ילדים

salle à manger

חדר אוכל

sol

רצפה

mur

קיר

plafond

תקרה

cave

מרתף

sauna

סאונה

balcon

מרפסת

terrasse

מרפסת

piscine

בריכה

tondeuse à gazon

מכסחת דשא

fourre de duvet

סדין

couette

כיסוי מיטה

lit

מיטה

balai

מטאטא

sceau

דלי

interrupteur

מפסק

papier peint
טפט

image
תמונה

lampe
מנורה

étagère
מדף

armoire
ארון

cheminée
אח

télé
טלוויזיה

fleur
פרח

coussin
כרית

vase
אגרטל

canapé
ספה

télécommande
שלט רחוק

tapis
שטיח

rideau
וילון

table
שולחן

chaise
כסא

chaise à bascule
כיסא נדנדה

fauteuil
כורסה

livre

ספר

couverture

שמיכה

décoration

דקורציה

bois de chauffage

עצי הסקה

film

סרט

chaîne hi-fi

מערכת סטריאו

clé

מפתח

journal

עיתון

peinture

ציור

poster

פוסטר

radio

רדיו

bloc-notes

מחברת

aspirateur

שואב אבק

cactus

קקטוס

bougie

נר

four à micro-ondes
מיקרוגל

frigo
מקרר

balance de cuisine
מאזני מטבח

toasteur
טוסטר

détergent
חומר ניקוי

four
תנור

compartiment congélateur
מקפיא

poubelle
פח אשפה

lave-vaisselle
מדיח כלים

four
תנור

casserole
סיר

marmite
סיר ברזל

wok/kadai
ווק

poêle
מחבת

bouilloire électrique
קומקום חשמלי

cuiseur vapeur

מאדה

plaque de cuisson

מגש אפייה

vaisselle

כלי אוכל

gobelet

ספל

bol

קערה

baguettes

צ'ופסטיקס

louche

מצקת

spatule

מרית

fouet

מטרפה

passoire

מסננת בישול

tamis

מסננת

râpe

מגרדת

mortier

מכתש

barbecue

גריל

cheminée

מדורה

planche à découper
....
קרש חיתוך

rouleau à pâtisserie
....
מערוך

tire-bouchon
....
פותחן פקקים

boîte
....
פחית

ouvre-boîte
....
פותחן קופסאות

maniques
....
מטלית

lavabo
....
כיור

brosse
....
מברשת

éponge
....
ספוג

mixeur
....
בלנדר

congélateur
....
מקפיא

biberon
....
בקבוק לתינוק

robinet
....
ברז

chauffage — חימום

douche — מקלחת

serviette — מגבת

rideau de douche — וילון מקלחת

bain moussant — אמבטיית קצף

baignoire — אמבטיה

verre — כוס

machine à laver — מכונת כביסה

robinet — ברז

carrelage — אריחים

pot — סיר לילה

lavabo — כיור

toilettes
אסלה

toilette à turque
אסלת כריעה

bidet
בידה

urinoir
משתנה

papier toilette
נייר טואלט

brosse à toilette
מברשת אסלה

brosse à dents

מברשת שיניים

dentifrice

משחת שיניים

fil dentaire

חוט דנטלי

laver

שטף

douche manuelle

מקלחת יד

douche intime

צינור שטיפה לשירותים

vasque

קערת רחצה

brosse dorsale

מברשת גב

savon

סבון

gel douche

ג'ל רחצה

shampooing

שמפו

gant de toilette

ליפה

écoulement

ניקוז

crème

קרם

déodorant

דיאודורנט

miroir

מראה

miroir cosmétique

מראת יד

rasoir

סכין גילוח

mousse à raser

קצף גילוח

après-rasage

אפטרשייב

peigne

מסרק

brosse

מברשת

sèche-cheveux

מייבש שיעור

laque pour cheveux

ספריי לשיער

fond de teint

איפור

rouge à lèvres

שפתון

vernis à ongles

לק

ouate

צמר גפן

coupe-ongles

מספריים לציפורניים

parfum

בושם

trousse de toilette

תיק כלי רחצה

tabouret

שרפרף

balance

משקל

peignoir

חלוק רחצה

gants de nettoyage

כפפות גומי

tampon

טמפון

serviettes hygiéniques

תחבושת סניטרית

toilette chimique

שירותים כימיקליים

réveil
שעון מעורר

doudou
צעצוע חיבוק

voiture jouet
מכונית צעצוע

hochet
רעשן

maison de poupée
בית בובות

cadeau
מתנה

ballon

בלון

lit

מיטה

poussette

עגלה

jeu de cartes

משחק קלפים

puzzle

פאזל

bande dessinée

קומיקס

pièces lego

לגו

blocs de construction

קוביות משחק

figurine

דמות משחק

grenouillère

סרבל תינוקות

frisbee

פריזבי

mobile

נייד

jeu de société

משחק לוח

dé

קוביה

train miniature

רכבת צעצוע

sucette

מוצץ

fête

מסיבה

livre d'images

אלבום תמונות

balle

כדור

poupée

בובה

jouer

שיחק

bac à sable

ארגז חול

balançoire

נדנדה

jouets

צעצועים

console de jeu

קונסולת משחקים

tricycle

אופניים תלת גלגלי

ours en peluche

דובון

armoire

ארון בגדים

vêtements

בגדים

chaussettes

גרביים

bas

גרביונים

collant

גרביון

écharpe
צעיף

parapluie
מטריה

t-shirt
חולצת טי

ceinture
חגורה

bottes
מגפיים

pantoufles
נעלי בית

baskets
נעלי ספורט

sandales
....
סנדלים

chaussures
....
נעליים

bottes de caoutchouc
....
מגפי גומי

linge de corps
....
תחתונים

soutien-gorge
....
חזייה

maillot de corps
....
וסט

body

גוף

pantalon

מכנסיים

jean

ג'ינס

jupe

חצאית

chemisier

חולצה מכופתרת

chemise

חולצה

pull

אפודה

pull-over à capuche

סווצ'ר עם קפוצ'ון

veste

בלייזר

veste

ז'קט

manteau

מעיל

imperméable

מעיל גשם

costume

תלבושת

robe

שמלה

robe de mariée

שמלת כלה

costume

חליפה

chemise de nuit

כותונת לילה

pyjama

פיג'מה

sari

סארי

foulard

מטפחת ראש

turban

טורבן

burqa

בורקה

caftan

קאפטן

abaya

עבאיה

maillot de bain

בגד ים

costume de bain

בגד ים

cuissettes

מכנסיים קצרים

tenue d'entraînement

בגד אימון

tablier

סינר

gants

כפפות

bouton

כפתור

lunettes

משקפיים

bracelet

צמיד יד

collier

שרשרת

bague

טבעת

boucle d'oreille

עגיל

bonnet

כובע

cintre

קולב

chapeau

כובע

cravate

עניבה

fermeture éclair

רוכסן

casque

קסדה

bretelles

כתפיות

uniforme scolaire

תלבושת בית ספר

uniforme

מדים

bavoir

מפית אוכל

sucette

מוצץ

couche

חיתול

bureau

משרד

serveur
שרת

armoire d'archivage
תיקייה

imprimante
מדפסת

papier
נייר

écran
מסך

souris
עכבר

bureau
שולחן עבודה

classeur
תיק

clavier
מקלדת

corbeille à papier
סל נייר

ordinateur
מחשב

chaise
כסא

tasse à café

ספל קפה

calculatrice

מחשבון

internet

אינטרנט

ordinateur portable

מחשב נייד

lettre

מכתב

message

הודעה

portable

נייד

réseau

רשת

photocopieuse

מכונת צילום

logiciel

תוכנה

téléphone

טלפון

prise

שקע

fax

פקס

formulaire

טופס

document

מסמך

acheter

קנה

payer

שילם

marchander

סחר

monnaie

כסף

dollar

דולר

euro

יורו

yen

יין

rouble

רובל

franc suisse

פרנק שווייצרי

renminbi yuan

יואן רנמינבי

roupie

רופי

distributeur automatique

כספומט

bureau de change

המרת מטבע

or

זהב

argent

כסף

pétrole

נפט

énergie

אנרגיה

prix

מחיר

contrat

חוזה

taxe

מס

action

מנייה

travailler

עבד

employé

עובד

employeur

מעסיק

usine

מפעל

magasin

חנות

agent de police
שוטר

pompier
כבאי

cuisinier
טבח

médecin
רופא

pilote
טייס

jardinier

גנן

menuisier

נגר

couturière

תופרת

juge

שופט

chimiste

כימאי

acteur

שחקן

conducteur de bus

נהג אוטובוס

chauffeur de taxi

נהג מונית

pêcheur

דייג

femme de ménage

עובדת נקיון

couvreur

מתקן גגות

serveur

מלצר

chasseur

צייד

peintre

צייר

boulanger

אופה

électricien

חשמלאי

ouvrier

עובד בניין

ingénieur

מהנדס

boucher

קצב

plombier

אינסטלטור

facteur

דוור

soldat

חייל

architecte

אדריכל

caissier

קופאי

fleuriste

מוכר פרחים

coiffeur

ספר

contrôleur

כרטיסן

mécanicien

מכונאי

capitaine

קברניט

dentiste

רופא שיניים

scientifique

מדען

rabbin

רב

imam

אימאם

moine

נזיר

prêtre

כומר

marteau
פטיש

pinces
צבת

tournevis
מברג

clé
מפתח ברגים

torche
פנס

pelleteuse

דחפור

boîte à outils

ארגז כלים

échelle

סולם

scie

מסור

clous

מסמרים

perceuse

מקדחה

réparer

תיקון

pelle

את חפירה

Mince!

לעזאזל!

pelle

יעה

pot de peinture

פח צבע

vis

ברגים

instruments de musique

כלי נגינה

haut-parleur
רמקול

batterie
מערכת תופים

guitare
גיטרה

contrebasse
קונטראבס

trompette
חצוצרה

piano

פסנתר

violon

כינור

basse

בס

timbales

תוף הדוד

tambour

תופים

piano électrique

מקלדת פסנתר

saxophone

סקסופון

flûte

חליל

microphone

מיקרופון

entrée
כניסה

tigre
נמר

cage
כלוב

zèbre
זברה

alimentation animale
מזון לחיות

panda
פנדה

animaux

בעלי חיים

éléphant

פיל

kangourou

קנגרו

rhinocéros

קרנף

gorille

גורילה

ours

דוב

chameau

גמל

autruche

יען

lion

אריה

singe

קוף

flamand rose

פלמינגו

perroquet

תוכי

ours polaire

דוב הקרח

pingouin

פינגווין

requin

כריש

paon

טווס

serpent

נחש

crocodile

תנין

gardien de zoo

שומר גן החיות

phoque

כלב ים

jaguar

יגואר

poney

סוס פוני

léopard

לאופרד

hippopotame

היפופוטאם

girafe

ג'ירפה

aigle

נשר

sanglier

חזיר בר

poisson

דג

tortue

צב

morse

סוס ים

renard

שועל

gazelle

איילה

american Football
פוטבול אמריקאי

cyclisme
רכיבת אופניים

tennis
טניס

basket-ball
כדורסל

natation
שחיה

boxe
אגרוף

hockey sur glace
הוקי

football

כדורגל

badminton

בדמינטון

athlétisme

אתלטיקה

handball

כדור-יד

ski

עשה סקי

polo

פולו

sauter
קפץ

embrasser
חיבק

rire
צחק

marcher
הלך

chanter
שר

rêver
חלם

prier
התפלל

faire la bise
נשק

écrire
כתב

dessiner
צייר

montrer
הראה

pousser
דחף

donner
נתן

prendre
לקח

avoir

יש / להיות הבעלים

faire

עשה

être

היה

être debout

עמד

courir

רץ

trier

משך

jeter

זרק

tomber

נפל

être couché

שכב

attendre

חיכה

porter

סחב

être assis

ישב

s'habiller

התלבש

dormir

ישן

se réveiller

התעורר

regarder

הסתכל ב-

pleurer

בכה

caresser

ליטף

peigner

סירק

parler

דיבר

comprendre

הבין

demander

שאל

écouter

שמע

boire

שתה

manger

אכל

ranger

סידר

aimer

אהב

cuire

בישל

conduire

נהג

voler

עף

faire de la voile

שט

calculer

חישב

lire

קרא

apprendre

למד

travailler

עבד

se marier

התחתן

coudre

תפר

se brosser les dents

ציחצח שיניים

tuer

הרג

fumer

עישן

envoyer

שלח

grand-mère
סבתא

grand-père
סבא

père
אבא

mère
אימא

bébé
תינוק

fille
בת

fils
בן

hôte

אורח

tante

דודה

oncle

דוד

frère

אח

sœur

אחות

front
מצח

œil
עין

épaule
כתף

visage
פנים

doigt
אצבע

menton
סנטר

main
כף יד

poitrine
חזה

jambe
רגל

bras
זרוע

bébé

תינוק

homme

איש

femme

אישה

fille

ילדה

garçon

ילד

tête

ראש

dos

גב

ventre

בטן

nombril

טבור

orteil

אצבע

talon

עקב

os

עצם

hanche

ירך

genou

ברך

coude

מרפק

nez

אף

fesses

עכוז

peau

עור

joue

לחי

oreille

אוזן

lèvre

שפתיים

bouche

פה

dent

שן

langue

לשון

cerveau

מוח

cœur

לב

muscle

שריר

poumons

ריאה

foie

כבד

estomac

קיבה

reins

כליות

rapport sexuel

מין

préservatif

קונדום

ovule

ביצית

sperme

זרע

grossesse

הריון

menstruation

ווסת

vagin

נרתיק

pénis

פין

sourcil

גבה

cheveux

שיער

cou

צוואר

hôpital
בית חולים

ambulance
אמבולנס

fauteuil roulant
כיסא גלגלים

fracture
שבר

médecin

רופא

service des urgences

חדר מיון

infirmière

אחות

urgence

חירום

inconscient

חסר הכרה

douleur

כאב

blessure

פציעה

hémorragie

דימום

crise cardiaque

התקף לב

attaque cérébrale

שבץ

allergie

אלרגיה

toux

שיעול

fièvre

חום

grippe

שפעת

diarrhée

שלשול

mal de tête

כאב ראש

cancer

סרטן

diabète

סוכרת

chirurgien

מנתח

scalpel

אזמל

opération

ניתוח

CT

סי-טי

radiographie

רנטגן

échographie

אולטרסאונד

masque

מסיכת פנים

maladie

מחלה

salle d'attente

חדר המתנה

béquille

קבה

pansement

פלסטר

pansement

תחבושת

injection

זריקה

stéthoscope

סטטוסקופ

brancard

אלונקה

thermomètre

מד חום

accouchement

לידה

surpoids

עודף משקל

appareil auditif

מכשיר שמיעה

désinfectant

מחטא

infection

זיהום

virus

נגיף

VIH / sida

איידס

médicament

תרופה

vaccination

חיסון

tablettes

טבליות

pilule

גלולה

appel d'urgence

קריאת חירום

tensiomètre

מד לחץ דם

malade / sain

חולה / בריא

Au secours!

הצילו!

alarme

אזעקה

agression

פשיטה

attaque

תקיפה

danger

סכנה

sortie de secours

יציאת חירום

Au feu!

אש!

extincteur

מטף כיבוי

accident

תאונה

trousse de premier secours

ערכת עזרה ראשונה

SOS

הצילו!

police

משטרה

Europe

אירופה

Amérique du Nord

צפון אמריקה

Amérique du Sud

דרום אמריקה

Afrique

אפריקה

Asie

אסיה

Australie

אוסטרליה

Océan atlantique

האוקיינוס האטלנטי

Océan pacifique

האוקיינוס השקט

Océan indien

האוקיינוס ההודי

Océan antarctique

האוקיינוס האנטרקטי

Océan arctique

האוקיינוס הארקטי

Pônord

הקוטב הצפוני

Pôsud

הקוטב הדרומי

Antarctique

אנטארקטיקה

terre

כדור הארץ

pays

אדמה

mer

ים

île

אי

nation

לאום

état

מדינה

cadran

פני השעון

aiguille des heures

מחוג השעות

aiguille des minutes

מחוג הדקות

aiguille des secondes

מחוג השניות

Quelle heure est-il?

מה השעה?

jour

יום

temps

זמן

maintenant

עכשיו

montre digitale

שעון דיגיטלי

minute

דקה

heure

שעה

lundi
יום שני

mardi
יום שלישי

mercredi
יום רביעי

jeudi
יום חמישי

vendredi
יום שישי

samedi
יום שבת

dimanche
יום ראשון

hier

אתמול

aujourd'hui

היום

demain

מחר

matin

בוקר

midi

צהריים

soir

ערב

jours ouvrables

ימי עבודה

week-end

סוף שבוע

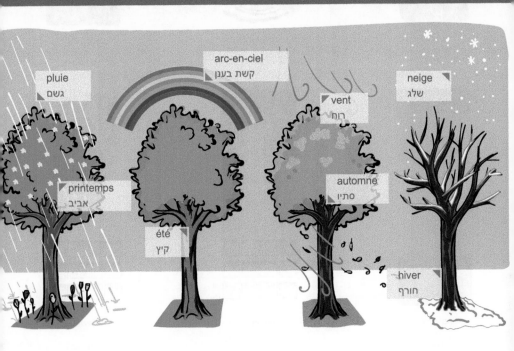

pluie
גשם

arc-en-ciel
קשת בענן

vent
רוח

neige
שלג

printemps
אביב

automne
סתיו

été
קיץ

hiver
חורף

4.APRIL	11°	☀
5.APRIL	4°	🌦
6.APRIL	13°	⛈
7.APRIL	8°	❄
8.APRIL	10°	☀

météo
....
תחזית מזג האוויר

thermomètre
....
מד חום

lumière du soleil
....
אור שמש

nuage
....
ענן

brouillard
....
ערפל

humidité
....
לחות

foudre

ברק

tonnerre

רעם

tempête

סערה

grêle

ברד

mousson

רוח עונתי

inondation

שיטפון

glace

קרח

janvier

ינואר

février

פברואר

mars

מרץ

avril

אפריל

mai

מאי

juin

יוני

juillet

יולי

août

אוגוסט

septembre

ספטמבר

octobre

אוקטובר

novembre

נובמבר

décembre

דצמבר

cercle

עיגול

carré

מרובע

rectangle

מלבן

triangle

משולש

sphère

כדור

cube

קובייה

blanc

לבן

jaune

צהוב

orange

כתום

rose

ורוד

rouge

אדום

violet

סגול

bleu

כחול

vert

ירוק

marron

חום

gris

אפור

noir

שחור

beaucoup / peu

הרבה / מעט

fâché / calme

כועס / רגוע

joli / laid

יפה / מכוער

début / fin

התחלה / סוף

grand / petit

גדול / קטן

clair / obscure

בהיר / כהה

frère / sœur

אח / אחות

propre / sale

נקי / מלוכלך

complet / incomplet

שלם / חלקי

jour / nuit

יום /לילה

mort / vivant

מת / חי

large / étroit

רחב / צר

comestible / incomestible

אכיל / לא אכיל

méchant / gentil

רשע / טוב לב

excité / ennuyé

מתרגש / משועמם

gros / mince

שמן / רזה

premier / dernier

ראשון / אחרון

ami / ennemi

חבר / אויב

plein / vide

מלא / ריק

dur / souple

קשה / רך

lourd / léger

כבד / קל

faim / soif

רעב / צמא

malade / sain

חולה / בריא

illégal / légal

בלתי-חוקי / חוקי

intelligent / stupide

נבון / טיפש

gauche / droite

שמאל / ימין

proche / loin

קרוב / רחוק

nouveau / usé

חדש / משומש

rien / quelque chose

כלום / משהו

vieux / jeune

זקן / צעיר

marche / arrêt

פעיל / כבוי

ouvert / fermé

פתוח / סגור

faible / fort

שקט / רועש

riche / pauvre

עשיר / עני

correct / incorrect

נכון / שגוי

rugueux / lisse

מחוספס / חלק

triste / heureux

עצוב / שמח

court / long

קצר / ארוך

lent / rapide

איטי / מהיר

mouillé / sec

רטוב / יבש

chaud / froid

חם / קר

guerre / paix

מלחמה / שלום

0

zéro
אפס

1

un
אחת

2

deux
שתיים

3

trois
שלוש

4

quatre
ארבע

5

cinq
חמש

6

six
שש

7

sept
שבע

8

huit
שמונה

9

neuf
תשע

10

dix
עשר

11

onze
אחת-עשרה

12
douze

שתים-עשרה

13
treize

שלוש-עשרה

14
quatorze

ארבע-עשרה

15
quinze

חמש-עשרה

16
seize

שש-עשרה

17
dix-sept

שבע-עשרה

18
dix-huit

שמונה-עשרה

19
dix-neuf

תשע-עשרה

20
vingt

עשרים

100
cent

מאה

1.000
mille

אלף

1.000.000
million

מיליון

anglais

אנגלית

anglais américain

אנגלית אמריקאית

chinois mandarin

סינית מנדרינית

hindi

הודית

espagnol

ספרדית

français

צרפתית

arabe

ערבית

russe

רוסית

portugais

פורטוגזית

bengali

בנגלית

allemand

גרמנית

japonais

יפנית

je

אני

tu

אתה / את

il / elle

הוא / היא / זה

nous

אנחנו

vous

אתם

ils / elles

הם

qui?

מי?

quoi?

מה?

comment?

איך?

où?

איפה?

quand?

מתי?

HELLO, I AM

nom

שם

derrière

מאחור

dans

בתוך

devant

לפני

au-dessus

מעל

sur

על

en-dessous

מתחת

à côté de

ליד

entre

בין

lieu

מקום